Anne-Katrin Hagen

Erste Dressurübungen

Grundausbildung für Pferd und Reiter

CADMOS
PFERDEBÜCHER

Inhalt

Einführung

Obwohl man immer von „Dressur" spricht, ist das eigentlich nicht der richtige Ausdruck. Besser wäre es, man spräche von „Gymnastik". Es ist unmöglich, einem Pferd etwas beizubringen, was es nicht schon von Natur aus kann! Es kommt darauf an, die natürlichen Fähigkeiten des Pferdes zu entfalten und bereits Vorhandenes schöner und ausdrucksvoller zu gestalten. Das Pferd soll allmählich lernen, sich im Gleichgewicht mit dem Reiter zu bewegen und sich in schöner Selbsthaltung zu tragen. Dazu muss es mehr Gewicht auf die Hinterhand verlegen, damit die Vorhand leichter wird und weiter ausgreifen kann. Die Hinterhand ist von ihrer Konstruktion her viel besser geeignet, Gewicht zu tragen und Schubkraft zu entwickeln als die Vorhand. Der Schwerpunkt des Pferdes liegt durch den Hals und den schweren Kopf ziemlich weit vorn: etwas hinter den Schulterblättern. Es kommt also darauf an, diesen Schwerpunkt durch gymnastische Übungen weiter nach hinten zu verlegen.

Ziel der Ausbildung ist ein Pferd, das sich in allen Gangarten schwungvoll und in schöner Selbsthaltung bewegt und das auf feinste Hilfen reagiert.

Um dieses Ziel zu erreichen, benötigt der Reiter viel Erfahrung. Daher gilt die Faustregel: Auf ein junges, unerfahrenes Pferd gehört ein erfahrener Reiter und ein unerfahrener Reiter auf ein ausgebildetes Pferd. Voraussetzung für erste Dressurübungen ist, dass der Reiter mit allen Grundbegriffen der Reiterei vertraut ist. Er sollte einen korrekten, unabhängigen Sitz haben, das heißt, er sollte in der Lage sein, alle Arten der Hilfengebung unabhängig voneinander zu geben: die Hände führen ruhig und Kreuz- und Schenkelhilfen werden bewusst und korrekt eingesetzt. Und das nicht ausschließlich im Dressursitz, sondern auch im Entlastungs- und leichten Sitz. Der Reiter darf sich auch nicht durch plötzliche Freudensprünge, die ein junges Pferd macht, aus der Fassung bringen lassen.

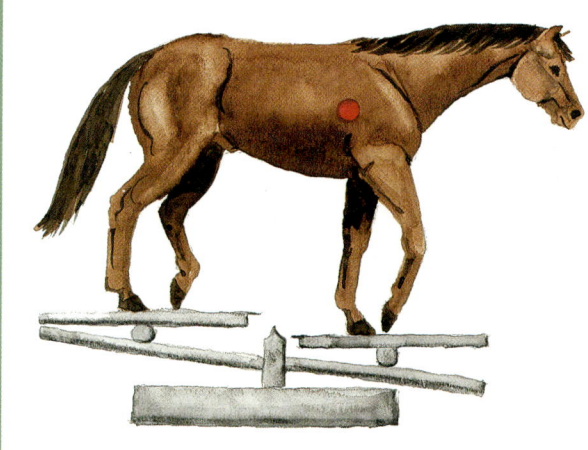

Ziel muss es sein, den natürlichen Schwerpunkt (oberes Bild) durch richtige Gymnastizierung weiter nach hinten zu verlagern (unteres Bild).

Der ideale Dressursitz sollte auf jeden Fall unverkrampft bleiben.
Foto: P. Prohn

Der korrekte Sitz des Reiters

Ohne einen korrekten Sitz im Dressur- oder Grundsitz sowie im leichten oder Entlastungssitz ist keine Ausbildung eines jungen Pferdes möglich! Auch die ersten Übungen und Lektionen erfordern einen unabhängigen Sitz und korrekte, fein abgestimmte Hilfengebung. Der richtige Sitz ist die Grundlage für gutes Reiten in allen Disziplinen.

Im Dressursitz sitzt man tatsächlich, gleichmäßig ausbalanciert, auf beiden Gesäßknochen tief im Sattel und lässt die Beine lang und locker hängen. Nur die Fußspitzen werden unter dem Ballen vom Steigbügel abgefangen. Der Absatz ist der tiefste Punkt des Reiters. Die Füße stehen ungefähr parallel zum Pferd, sodass die flache Wade am Pferdekörper anliegt (und nicht etwa die Ferse). Trägt man Sporen, kann man bei korrekter Schenkellage sicher sein, dass der Sporn nach unten abwärts ragt und nicht unbeabsichtigt in die Pferderippen sticht. Wenn der Absatz tief ist und die Wade flach am Pferd liegt, kann das Fußgelenk in der Bewegung mitfedern. Das ist sehr wichtig!

Der Oberkörper ist aufgerichtet, ohne verkrampft zu sein, und der Kopf wird ganz natürlich frei getragen. Der Blick geht zwischen den Pferdeohren hindurch nach vorn. Die Schultern werden ein wenig zurückgenommen und entspannt fallen gelassen. Die Arme hängen ganz natürlich herab. Nun schließt man locker die Faust (der Daumen liegt wie ein Dach darüber) und winkelt die Arme im Ellenbogen an, bis die Fäuste etwa eine Handbreit über dem Widerrist stehen. So sind Arm- und Handhaltung korrekt. Wenn der Reiter auf diese völlig natürliche und unverkrampfte Art im Sattel sitzt, könn-

Durch das nach vorn gekippte Becken und vermehrt angelegte Schenkel wird Druck nach vorn gemacht. Foto: P. Prohn

Losgelassenheit des Reiters darf nicht verloren gehen, weil man unbedingt die korrekte Form des Sitzes erhalten will.

Deshalb sollte man sich von Zeit zu Zeit selbst kontrollieren: Sind meine Schultern, Ellenbogen, Handgelenke, Hüftgelenke, Knie- und Fußgelenke locker und nicht verkrampft? Unter einem verkrampften Reiter kann kein Pferd locker gehen!

Um sich dem Pferd verständlich zu machen, stehen dem Reiter so genannte „Hilfen" zur Verfügung. Das sind

- Gewichtshilfen, die beidseitig belastend, einseitig belastend oder entlastend,
- Schenkelhilfen, die vorwärts treibend, vorwärts-seitwärts treibend oder verwahrend und
- Zügelhilfen, die nachgebend, annehmend, durchhaltend, verwahrend und seitwärts weisend wirken.

Nur durch das fein abgestimmte Zusammenwirken der Hilfen, aus einem korrekten, losgelassenen und ausbalancierten Sitz heraus, ist eine Harmonie zwischen Reiter und Pferd in allen Gangarten und Lektionen möglich. Grundsätzlich sind die treibenden Hilfen (Gewichts- und Schenkelhilfen) wichtiger als die verhaltenden Hilfen (Zügelhilfen).

Gewichtshilfen

Bei der beidseitig belastenden Gewichtshilfe liegen beide Schenkel am Gurt. Beide Gesäßknochen werden nach vorwärts-abwärts belastet. Der Oberkörper bleibt natürlich aufgerichtet und die Bauchmuskulatur wird angespannt. Man nennt das auch „das Kreuz anspannen". Man stellt sich am besten vor, man säße auf einer offenen Zahnpasta-Tube: kippt

te man vom Ohr über Schulter- und Hüftgelenk bis hinunter zum Fußgelenk eine Senkrechte ziehen. Ganz von selbst bilden Unterarm und Zügel ungefähr eine Linie und der Unterschenkel liegt korrekt dicht hinter dem Gurt. Von hinten gesehen ergeben Kopf und Rücken des Reiters zusammen mit der Mitte der Kruppe und dem Schweif des Pferdes eine Senkrechte, während Schultern, Hüften und Füße des Reiters waagerechte Parallelen ergeben.

Nur aus dem ausbalancierten, losgelassenen Sitz heraus können richtige Hilfen gegeben werden! Die

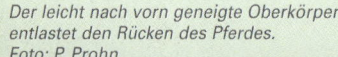

Mit eingeknickter Hüfte liegt die Belastung auf der falschen Seite. Foto: P. Prohn

Der leicht nach vorn geneigte Oberkörper entlastet den Rücken des Pferdes. Foto: P. Prohn

man das Becken nach vorn, legt beide Schenkel energisch an und gibt mit den Fäusten nach, so kommt die Zahnpasta vorne heraus. Das ist aber keine dauernde Hilfe, sondern nur ein kurzer Moment. Das Kreuzanspannen ist ein Impuls für die Hinterhand des Pferdes, aktiver zu werden. Je nachdem, wie energisch diese Hilfe gegeben wird, setzt sich das Pferd aus dem Halt in den Schritt, vom Schritt in den Trab oder gar vom Halt in den Trab in Bewegung.

Die einseitig belastende Gewichtshilfe wird angewendet, wenn das Pferd gestellt oder gebogen werden soll, beim Angaloppieren und als Voraussetzung für die richtungweisende Zügelhilfe. Wenn zum Beispiel das Pferd eine Wendung nach rechts gehen soll, wird der rechte Gesäßknochen nach vorwärts-abwärts vorgeschoben. Dabei darf die Hüfte auf keinen Fall einknicken.

Die Leiste muss immer schön gestreckt bleiben. Auch diese Hilfe ist die Voraussetzung für Schenkel- und Zügelhilfe.

Entlastende Gewichtshilfe wird angewandt, wenn Rücken und Hinterhand entlastet werden sollen. Dabei bleibt das Gesäß im Sattel, aber der Reiter bringt mehr Gewicht auf die Oberschenkel und Knie. Der Oberkörper wird ganz leicht nach vorn geneigt. Beim Anreiten junger Pferde, beim Lösen vor der Reitstunde, bei leichten Steigungen im Gelände und bei den ersten Versuchen zum Rückwärtsrichten ist die Hilfe angebracht.

Schenkelhilfen

Die vorwärts treibende Schenkelhilfe treibt das Pferd in allen Gangarten gleichmäßig vor. Dabei liegen die Schenkel des Reiters dicht hinter dem Gurt und treiben durch leichten Druck auf beiden Seiten das Pferd vorwärts.

Die vorwärts-seitwärts treibende Schenkelhilfe wird für die Seitengänge benötigt, zum Beispiel beim Schenkelweichen. Dabei liegt der Schenkel des Reiters eine Handbreit hinter dem Gurt. Knie und Absatz dürfen nicht hochgezogen werden. Die vorwärts-seitwärts treibende Schenkelhilfe unterstützt die einseitig belastende Gewichtshilfe.

Der verwahrende Schenkel wird immer als Gegenüber der vorwärts oder vorwärts-seitwärts treibenden Schenkelhilfe eingesetzt. Er verhindert das Ausweichen (Ausfallen) der Hinterhand. Der verwahrende Schenkel liegt fast genauso wie der seitwärts treibende Schenkel, nämlich eine Handbreit hinter dem Gurt, ist aber nicht so aktiv.

Zügelhilfen

Die Zügelhilfe wird niemals allein gegeben. Nur bei einem durchlässigen Pferd wirkt die Zügelhilfe vom Maul über das Genick, den Hals und Rücken bis zur Hinterhand. Das Pferd lässt die Hilfe durch, es ist durchlässig!

Gegen die Hand: Das Pferd versucht, dem Reiter die Zügel aus der Hand zu ziehen.

Über dem Zügel: Das Pferd gibt im Genick nicht nach, sperrt im Maul und drückt den Rücken weg.

Das Pferd dehnt sich im Hals vorwärts-abwärts. Die Verbindung zur Reiterhand bleibt erhalten. Foto: W. Ernst

Bei der annehmenden Zügelhilfe wird für einen kurzen Moment die Faust fester geschlossen, oder die Fäuste werden ein wenig nach innen gedreht, sodass sich die Zügel etwas verkürzen (das geht bei verdeckten Fäusten nicht). Am Zügel ziehen ist verpönt!

Nach der annehmenden Zügelhilfe folgt immer eine nachgebende Zügelhilfe! Dazu kommen die Fäuste zurück zur Grundhaltung, die Finger werden gelockert und die Zügelfäuste gehen etwas vor. Das heißt nicht, dass die Verbindung zum Pferdemaul völlig aufgegeben, der Zügel weggeschmissen wird. Die Verbindung bleibt bei der nachgebenden Zügelhilfe erhalten!

Die durchhaltende Zügelhilfe wird eingesetzt, wenn das Pferd gegen die Hand oder über den Zügel geht (Seite 7). Die Faust steht in Grundhaltung fest geschlossen, das Kreuz ist angespannt und beide Schenkel treiben energisch vorwärts. Den Druck, der dann entsteht, hält man so lange aus, bis das Pferd nachgibt, sich also am Gebiss abstößt und leicht in der Hand wird. Diesen Moment darf man nicht verpassen, sofort wird die Reiterhand weich und der Sitz lockerer! Dadurch macht man dem Pferd klar, was man von ihm will.

Die Stellung gebende Zügelhilfe wird eingesetzt, wenn das Pferd auf einer gebogenen Linie gehen soll, zum Beispiel auf dem Zirkel. Die linke Zügelfaust wird dazu ein wenig eingedreht, so weit, dass der Reiter das linke Pferdeauge und den linken Nüsternrand schimmern sieht. Auf der rechten Hand ist es natürlich entsprechend. Die Stellung gebende Zügelhilfe geht immer zusammen mit der verwahrenden Zügelhilfe, die die Stellung oder Biegung des Pferdes begrenzt. Der verwahrende Zügel

Hier ist die Verbindung zum Pferdemaul aufgegeben. Das Pferd schreitet in natürlicher Dehnung mit ganz tiefer Nase. Foto: P. Prohn

ist das Gegenstück zum Stellung gebenden Zügel. Diese Hilfe wird immer mit einseitig treibender Schenkelhilfe und einseitig belastender Gewichtshilfe zusammen gegeben.

Seitwärts weisende Zügelhilfen weisen besonders den jungen Remonten die Richtung in die Wendung. Auch beim Erlernen der Seitengänge ist diese Zügelhilfe sinnvoll. Begleitet von der entsprechenden Gewichtshilfe führt man dazu die Hand etwas vom Pferdehals weg in die Richtung, in die das Pferd gehen soll. Wenn das Pferd die Hilfe angenommen hat, muss eine nachgebende Zügelhilfe folgen, weil die richtungweisende Hilfe ähnlich wie die annehmenden Zügelhilfe auf das Pferd wirkt.

Zügelhilfen dürfen niemals allein gegeben werden! Nur mit den Zügeln kann man kein Nachgeben des Pferdes im Genick erzwingen.

Ein Pferd, das in gleichmäßiger Anlehnung und stetiger Verbindung zur Reiterhand geht und dabei schäumend kaut, steht am Zügel!

Am langen Zügel geht ein Pferd, wenn der Reiter noch eine Verbindung zum Pferdemaul hat, das Pferd aber in natürlicher Haltung die Nase senkt und den Hals länger lässt. Beim hingegebenen Zügel hat der Reiter nur noch die Schnalle der Zügel in der Hand. Es besteht keine Verbindung mehr zum Maul. Das Pferd geht mit tiefem Hals und vorwärts-abwärts gesenkter Nase.

Knie, Schenkel und Bügeltritt übernehmen die Aufgaben der Gesäßknochen. Die Zügel werden kürzer gefasst. Foto: P. Prohn

Der leichte Sitz

Es gibt viele Gebiete der Reiterei, auf denen im leichten Sitz geritten wird. Daher hat der leichte Sitz auch noch andere Bezeichnungen, die auch von dem Grad der Entlastung abhängen: „Remontesitz", „Entlastungssitz", „Geländesitz" und „Springsitz". Im leichten Sitz entlastet der Reiter den Pferderücken. Der leichte Sitz wird im Vielseitigkeits- oder Springsattel geritten. Durch dessen Form (vorgeschobene kürzere Sattelblätter mit stärkeren Pauschen; längere, flachere Sitzfläche) kann man erst korrekt im leichten Sitz reiten. Die Bügel werden im Vergleich zum Dressursitz deutlich kürzer geschnallt: beim Reiten junger Pferde und beim Ausreiten zwei Löcher kürzer und beim Spring- und Geländereiten vier bis fünf Löcher kürzer. Je nach der Größe des

Reiters und der Länge seiner Beine variiert die Bügellochzahl etwas. Der Reiter kann sich im leichten Sitz besonders gut den Bewegungen des Pferdes anpassen. Wenn der Schwerpunkt des Pferdes sich verändert, beim Springen oder beim Bergauf- und -abreiten, und wenn das Tempo im Galopp erhöht wird, kann der Reiter leicht mit dem Oberkörper ausbalancieren und mal mehr oder mal weniger entlasten. Diese Übergänge sind fließend. Das Fundament, also Knie, Unterschenkel, Fußgelenk und Bügeltritt, bleibt stets unverändert an seinem Platz!

Wie sieht der korrekte leichte Sitz aus? Der Oberkörper wird je nach Entlastung mehr oder weniger aus der Hüfte heraus nach vorne geneigt. Das Gesäß bleibt mehr am Sattel (geringere Entlastung) und bei höherem Tempo und beim Springen (größere Entlastung) kommt das Gesäß vermehrt aus dem Sattel. Aber immer bleibt der Reiter in der Mittelpositur elastisch und die Wirbelsäule bleibt in natürlicher Haltung. Wie beim Dressursitz sind auch im leichten Sitz ein steifer, unruhiger Oberkörper mit verkrampften Schultern, ein krummer Buckel oder ein Hohlkreuz fehlerhaft und störend für das Pferd.

Die Knie liegen fest am Sattel (Knieschluss) und sind durch die kürzeren Bügel stärker gewinkelt. Die Knie sind der Angelpunkt des Reitens im leichten Sitz. Geht der Knieschluss verloren, wird es für den Reiter gefährlich! Die Unterschenkel liegen mit der flachen Wade (anders ist ein Knieschluss unmöglich) am Gurt und damit am Pferd. Die Unterschenkel (und nicht die Sporen) übernehmen im leichten Sitz vermehrt die treibende Hilfe, da das Kreuz entlastet. Rutscht der Unterschenkel zurück oder fängt

Größte Entlastung über dem Sprung. Der Schwerpunkt von Reiterin und Pferd stimmt überein. Foto: P. Prohn

er an, vor und zurück zu pendeln, verliert der Reiter die Balance. Der Fuß wird etwas weiter (bis zur breitesten Stelle des Ballens) durch den Bügel gesteckt, das Fußgelenk federt nach unten, sodass auch im leichten Sitz der Absatz der tiefste Punkt des Reiters ist. Im leichten Sitz bilden Schulter, Knie und Bügeltritt eine senkrechte Linie. Der Kopf ist vor der Senkrechten, während die zurückgenommene Hüfte bei größter Entlastung in hohem Tempo wie eine Art Schwungrad wirkt und zusammen mit den Unterschenkeln die Triebkraft entwickelt. Wird der Absatz hoch gezogen und der Unterschenkel gerät zu weit nach hinten, fällt der Reiter nach vorn über – er kommt vor die Bewegung. Der Kopf wird ganz natürlich frei und aufrecht getragen und der Blick geht, genau wie beim Dressursitz, nach vorn zwischen den Pferdeohren hindurch. Aus den unverkrampften Schultergelenken werden die Arme etwas vor den Körper genommen,

sodass der Zügel kürzer gefasst wird und Unterarm und Zügellinie eine Gerade bilden. Die Zügelfäuste werden zu beiden Seiten des Halses mehr oder weniger vor dem Widerrist getragen. Schenkel- und Zügelhilfen werden auch im leichten Sitz unabhängig von der Bewegung des Oberkörpers des Reiters gegeben.

Die Hilfengebung im leichten Sitz ist im Prinzip dieselbe wie im Dressursitz. Die Gewichtshilfen werden mehr über das Knie und den Bügeltritt gegeben, da das Gesäß den Rücken entlastet. Bei den Zügelhilfen ist darauf zu achten, dass der äußere Zügel vorherrscht. Das ist vor allem in den Wendungen im Galopp der Fall. Beim Reiten junger Pferde muss man häufig die seitwärts führende Zügelhilfe in Verbindung mit dem stärker ausgetretenen inneren Bügel einsetzen. Junge Pferde werden im leichten Sitz zu Anfang mehr „gefahren" als geritten.

Die Longe darf nicht durchhängen. Auch sollte das Pferd nicht aus dem Kreis herausstürmen.
Der Druck auf der Longe sollte gleichmäßig und eher gering sein. Foto: C. Slawik

Was das Pferd als Voraussetzung können muss

Das Pferd sollte an der Longe gelernt haben, sich ruhig und taktmäßig in allen drei Grundgangarten zu bewegen. Es darf weder davon stürmen noch mit dem äußeren Hinterfuß ausfallen, nicht die Zirkellinie nach innen oder außen verlassen, es muss also „an der Longe stehen".

So erst kann der Reiter beobachten, wie sich sein Pferd bewegt: Hat es Mühe, das Gleichgewicht zu halten? Häufiges Umspringen in den Kreuzgalopp deutet darauf hin! Oder hat es Mühe, im Trabe mit den Hinterhufen das Trittsiegel der Vorderhufe zu erreichen? Fällt es ihm leicht, sich vorwärts abwärts zu dehnen? Wie ist der Schritt nach einer anstrengenden Galopprunde? Alles das spielt eine Rolle bei der Überlegung, wie das junge Pferd gymnastiziert werden könnte.

Die Gangarten und ihre Tempo-Unterschiede

Es gibt drei Grundgangarten: Schritt, Trab und Galopp. In jeder Gangart werden Tempounterschiede geritten.

Außer dem normalen Arbeitstempo, also dem Tempo, in dem ein junges Pferd am leichtesten sein Gleichgewicht findet und in dem der junge Reiter sich am besten in das Pferd einfühlen kann, gibt es das versammelte Tempo und zwei verstärkte Tempi, nämlich Mittel- und starkes Tempo. Lediglich im Schritt kennt man nur den versammelten, den Mittel- und den starken Schritt.

Der Schritt ist ein Viertakt. Man sagt Schritte. Das Pferd setzt die Beine nacheinander auf: hinten links, vorne links, hinten rechts, vorne rechts. Es gibt keine Schwebephase! Daher ist der Schritt eine schwunglose Gangart. Er soll fleißig und schreitend, aber nicht übereilt sein. Das Pferd soll ruhig und gelassen bei gleichmäßiger Anlehnung ganz geradeaus schreiten. Dabei könnte man den Viertakt deutlich mitzählen: 1 - 2 - 3 - 4, und so fort. Geht der gleichmäßige Viertakt verloren (1 - 2, 3 - 4), wird der Schritt fehlerhaft. Kann man nur noch zwei Schläge unterscheiden, geht das Pferd im Pass: das ist ein grober Fehler. Für das junge Pferd ist nur der Mittelschritt angebracht. Der versammelte Schritt, bei dem die Hinterhand vermehrt nach vorne tritt

Der Schritt ist eine schwunglose Gangart im Viertakt.

„Eins!"   *„Zwei!"*

„Drei!"   *„Vier!"*

und das Pferd sich mehr aufrichtet, sowie der starke Schritt, in dem das Pferd weiter ausgreift (die Schritte also länger werden) werden erst in den höheren Dressurklassen gefordert. Um den Mittelschritt taktrein zu halten, ist es unbedingt wichtig, dass das Pferd im Rücken und Genick locker bleibt! Das Pferd darf sich ein wenig vorwärts-abwärts dehnen. Die Reiterhand folgt weich der natürlichen Nickbewegung des Pferdekopfes. Man erreicht das am ehesten, indem man auf gebogenen Linien reitet, also auf dem Zirkel oder großen Volten. Niemals zu lange im Schritt reiten! Lieber häufiger nach einer Trab- oder Galopptour eine Schrittphase einlegen. Der Schritt ist diejenige Gangart, die man am leichtesten kaputtreiten kann! Also Vorsicht!! Aber am langen oder hingegebenen Zügel können sich Pferd und Reiter immer wieder erholen.

Der Trab ist ein Zweitakt. Man spricht von Tritten. Das Pferd setzt das diagonale Beinpaar (hinten rechts - vorn links und umgekehrt) nacheinander auf. Dazwischen liegt eine Schwebephase. Es ist eine schwungvolle Gangart. Man unterscheidet versammelten Trab, Arbeitstrab, Mittel- und starken Trab. Für die ersten Dressurübungen kommt in erster Linie der Arbeitstrab in Frage und das „Tritte verlängern", welches eine Vorstufe zum Mitteltrab ist. Der Arbeitstrab sollte in einem frischen Tempo geritten werden. Das Pferd soll dabei gleichmäßig und taktmäßig vorwärts schwingen und eine stetige, weiche Anlehnung an die Reiterhand halten. Das Tempo muss so gewählt werden, dass Handwechsel und gebogene Linien ohne Taktverlust geritten werden können. Bei jungen Pferden sollte noch sehr viel im leichten Trab geritten werden, weil so der

Der Trab ist eine schwungvolle Gangart im Zweitakt.

„Eins!"
    „Zwei!"

Mitteltrab: Der Schwung ist aus der aktiven Hinterhand nach vorn gerichtet. Das Pferd macht weitere, flachere Tritte. Der Takt darf nicht schneller werden. Foto: C. Slawik

Rücken des Pferdes mehr geschont wird. Geht man zum Aussitzen über, müssen die Knie fest geschlossen werden, um das Reitergewicht abzufedern. Man lässt sich einige Tritte Zeit, bis man voll einsitzt. Hier ist Feingefühl gefragt: nimmt das Pferd das volle Reitergewicht schon mit, ohne den Takt zu verlieren? Falls nicht: zunächst wieder leicht traben und dann erneut versuchen. Das Wichtigste ist immer, dass Pferd und Reiter locker bleiben und das Pferd schwungvoll weitergeht. Erst wenn das sicher erreicht ist, kann man versuchen, an den langen Seiten die Tritte zu verlängern. Dazu reitet man in einem etwas verkürzten Arbeitstempo sorgfältig in die Ecke hinein, richtet sein Pferd aus der Ecke heraus gerade, legt beide Unterschenkel fester an den Gurt (beidseitige, gleichzeitige vorwärtstreibende Schenkel- und Gewichtshilfe), geht etwas mit der Hand vor und lässt sein Pferd energisch mit lange-

Versammelter Trab: Die Tritte werden erhabener, dadurch gewinnt das Pferd weniger Boden. Der Schwung muss erhalten bleiben, aber mehr nach oben gerichtet sein. Foto: C. Slawik

"Eins!"

"Zwei!" "Drei!"

Der Galopp ist eine schwungvolle Gangart im Dreitakt.

ren Tritten vorwärts schwingen. Dabei darf das Pferd nicht ins Laufen kommen (man merkt das daran, dass der Taktschlag schneller wird)! Bitte nicht die Geduld verlieren! Tritte verlängern und Mitteltrab fällt am Anfang auch denjenigen Pferden schwer, die von Natur aus über gute Trabanlagen verfügen. Junge Pferde müssen erst lernen, sich auszubalancieren. Und junge Reiter müssen lernen, sich der Bewegung anzupassen. Die Rückenbewegung im Mitteltrab ist eine heftige vorwärtsströmende Wellenbewegung, die vom Reiter unterstützt werden muss. Am besten reitet man, solange man noch nicht sicher genug ist, im leichten Trab. Für junge Pferde ist das ohnehin schonender.

Der Galopp ist ein Dreitakt. Man zählt Sprünge. Es werden Links- und Rechtsgalopp unterschieden. Normalerweise wird auf der linken Hand im Links-

galopp geritten und umgekehrt. Im Rechtsgalopp fußt das Pferd hinten links auf, dann folgt das diagonale Beinpaar hinten rechts und vorne links und darauf das rechte Vorderbein. Darauf folgt eine Schwebephase. Es ist also eine schwungvolle Gangart. Der junge Reiter kann kontrollieren, ob er im „richtigen" Galopp ist, wenn er beobachtet, welche Schulter weiter vorgreift. Man kann deutlich mitzählen, ob der Galopp taktrein durchgesprungen ist: 1 - 2 - 3, 1 - 2 - 3. Wird daraus ein eins, zwei-hei, drei, ist der Takt verloren gegangen. Das diagonale Beinpaar fußt nicht mehr gleichzeitig auf. In diesem Fall muss energisch vorwärts geritten werden. Auch im Galopp gibt es den versammelten Galopp, das Arbeitstempo, den Mittel- und den starken Galopp. Fürs Erste ist nur der Arbeitsgalopp interessant. Alles andere kommt später. Hat das junge Pferd gelernt, den Hilfen zum

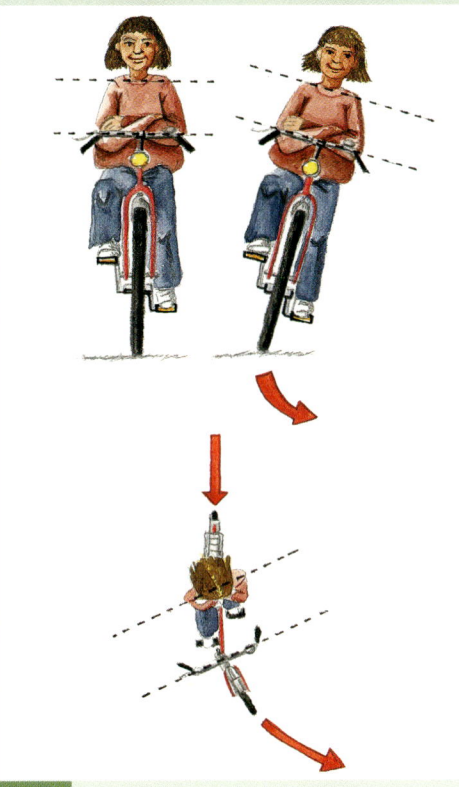

Balance ist alles! Genau so, wie man freihändig mit dem Fahrrad um die Ecke fährt, ist die Gewichtsverlagerung, wenn man eine Wendung reitet.

der Zirkellinie den äußeren Zügel sehr gut anstehen lassen. Er muss das Pferd gerade halten wollen. Damit ermöglicht er dem Pferd, das innere Hinterbein weiter vorschwingen zu lassen, sodass es besser die Balance halten kann.

Eine sehr gute Gymnastikübung im Galopp ist das Kantern. Im leichten Sitz (Bügel zwei Loch kürzer!) wird das Pferd im Gelände in einem frischen, jedoch regulierbaren Tempo galoppiert. Dabei sollte das junge Pferd „tief eingestellt" werden, das heißt es soll die Nase tiefer tragen, als es auf dem Reitplatz üblich ist, und den Rücken aufwölben. So kann das junge Pferd besser unter seinen Schwerpunkt springen und lernt leichter, die Balance zu halten. Im Gelände sollte man aber erst galoppieren, wenn das junge Pferd oder der unerfahrene Reiter in der Reitbahn genügend Sicherheit bekommen hat. Ein im Gelände davon stürmendes Pferd ist einfach zu gefährlich! Die ersten Übungen im Kantern sollten niemals ohne ein erfahrenes Führpferd unternommen werden.

Kantern: Mit aufgewölbtem Rücken und tiefer Nase galoppiert das Pferd dynamisch nach vorn, jedoch sollte die Reiterin unbedingt eine Kappe tragen. Foto: C. Slawik

Angaloppieren (zum Anfang aus dem Trabe) willig zu folgen, kommt es darauf an, den Galopp bei gleich bleibender, weicher Anlehnung an die Reiterhand schwungvoll und jederzeit regulierbar in klarem Dreitakt zu reiten. Da die Galoppbewegung viel besser zu sitzen ist als die Bewegung im Trabe, gibt es hier weniger Schwierigkeiten. Auch dem jungen Pferd fällt das Ausbalancieren leichter. Es ist wie mit dem Fahrradfahren: schnell fahren ist kein Problem, aber langsam fahren ist schwer. Probleme gibt es aber ganz schnell, wenn es in Wendungen und um Ecken geht. Viele junge Pferde springen dann mit den Hinterbeinen um, um die Balance zu halten: sie stützen sich mit dem äußeren Hinterfuß ab. Dann muss der Reiter die Ecken stark abrunden und auf

Die Nasen-Stirn-Linie sollte stets etwas vor der Senkrechten, das Genick der höchste Punkt des Pferdes sein! Foto: W. Ernst

Takt, Losgelassenheit und Anlehnung

Gewichts- und Schenkelhilfen von hinten nach vorn. Man stelle sich vor, dass ein Energiestrom spiralförmig vom Kopf des Reiters über seinen Rücken zum Becken verläuft. Dort verstärkt er sich, gleitet die Schenkel entlang, um das ganze Pferd von hinten nach vorn wie mit einem Energiekreis zu umschließen.

Diese ersten Stufen der Grundausbildung für junge Pferde und Reiter greifen so sehr ineinander, dass man sie nicht trennen sollte. Kein Pferd ist in der Lage, sich unter dem Reiter ohne Anlehnung losgelassen und taktrein in allen Grundgangarten zu bewegen. Es kommt also darauf an, das Pferd richtig an die Hilfen zu stellen. Das heißt: das Pferd muss mit Gewichts- und Schenkelhilfen von hinten nach vorn an das Gebiss geschoben werden. Im Halten wie auch in der Bewegung entsteht dann eine stete und weich federnde Verbindung zwischen Rei-

Schweif, Ohren, Lippen entspannt – so sieht ein entspannt daherschwingendes Pferd aus! Foto: C. Slawik

Übungen zum Lösen und Gymnastizieren

Auf dem Zirkel reiten

Es ist sinnvoll, ein junges Pferd zunächst auf dem Zirkel zu reiten. Der Zirkel ist ihm von der Longenarbeit bekannt. Auf einer langen Geraden könnte es zu Anfang zu leicht davonstürmen. Das Pferd hat an der Longe bereits gelernt, eine leichte Biegung beizubehalten. Das heißt, das Pferd passt seine Körperhaltung der Zirkellinie an: die leichte Krümmung durch den Kreisbogen, auf dem es geht, läuft vom Genick bis zum Schweifansatz durch den ganzen

terhand und Pferdemaul. Die Nasen-Stirn-Linie des Pferdes bleibt leicht vor der Senkrechten und das Genick ist der höchste Punkt des Pferdes. Niemals darf man mit den Zügeln Hals- und Genickbiegung erzwingen! Immer wird das Pferd von hinten nach vorn gegen das Gebiss geritten.

Nur ein Pferd, welches Rücken- und Halsmuskulatur locker lässt, kann man auch an das Gebiss heranschieben. Ein Pferd, das eine unverkrampfte, weiche Anlehnung an die Reiterhand (Gebiss) gefunden hat, wird auch taktmäßig gehen. Man kann beobachten, wie der Schweif rhythmisch hin und her pendelt, wie die Ohren des Pferdes bei jedem Tritt oder Sprung ein wenig in der Bewegung mitwippen und ein weißer Schaumkranz auf den Lippen zu sehen ist. Wenn dann das Pferd auch noch zufrieden abschnaubt, kann jeder Reiter glücklich sein: ein Etappenziel ist erreicht.

Die Reiterschultern sind parallel zu den Pferdeschultern. Der äußere Zügel gibt so weit nach, dass eine leichte Biegung möglich ist. Er bleibt aber der führende Zügel! Foto: P. Prohn

Pferdekörper. Der Reiter belastet den inneren Gesäßknochen ein wenig mehr und der innere Schenkel treibt am Gurt den inneren Hinterfuß vor. Der äußere Schenkel liegt verwahrend eine Handbreit hinter dem Gurt, um das Ausfallen der Hinterhand zu verhindern. Der innere Zügel führt zusammen mit dem Reitergewicht das Pferd in die Wendung hinein und gibt damit die Stellung (man kann das innere Auge und den Nüsternrand schimmern sehen – nicht mehr!). Der äußere Zügel gibt so viel nach, wie es die Stellung und sanfte Biegung erfordert. Er muss aber verhindern, dass das Pferd eine zu starke Abstellung nach innen bekommt und damit über die äußere Schulter flieht. Man kann auch sagen, dass der innere Zügel Stellung und Biegung vorgibt, der äußere aber das Pferd gerade halten will, und dass der innere Schenkel das Pferd aus dem Zirkel hinaustreibt, der äußere aber verhindert, dass es mit der Hinterhand den Zirkel verlässt. Es ist also ein ständiges Korrespondieren zwischen den „diagonalen" Hilfen.

Dieses Prinzip ist bei allen Übungen auf gebogenen Linien einzuhalten. Die Hinterfüße des Pferdes müssen immer genau auf der Spur der Vorderfüße sein. Genau wie eine Eisenbahn auf den Schienen.

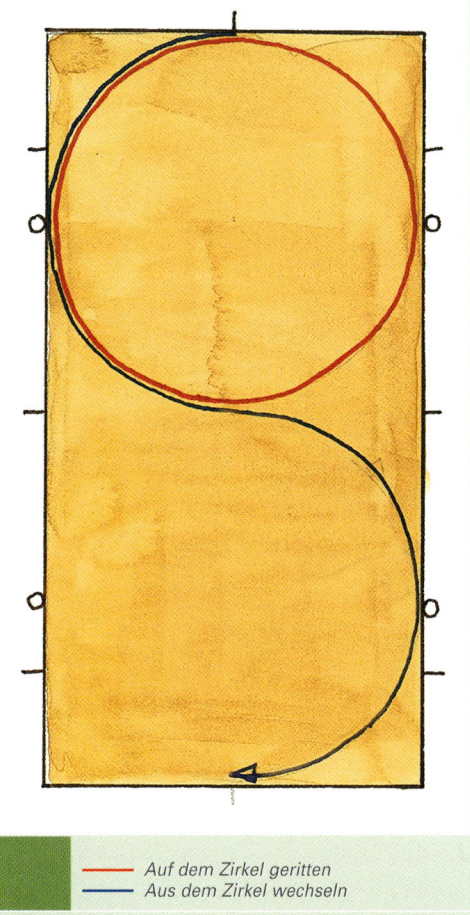

Auf dem Zirkel geritten
Aus dem Zirkel wechseln

Die Hinterhufe treten genau in die Spur der Vorderhufe – auch auf gebogener Linie. Genau so, wie eine Eisenbahn auf den Schienen fährt.

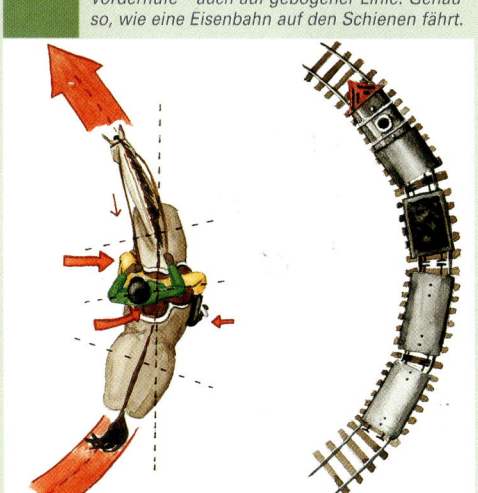

Aus dem Zirkel wechseln

Hat sich das Pferd losgelassen und taktmäßig auf seiner Lieblingsseite (meist ist das die linke Hand) im Schritt und Trab bewegt, sollte ein Handwechsel folgen. An der offenen Seite des Zirkels wird eine Strecke von zwei bis drei Pferdelängen geradeaus geritten, das Pferd wird weich, nicht abrupt, umgestellt und in der neuen Richtung weitergeritten. Erfolgt der Wechsel im Leichttraben, wird bei X umgesessen. Es darf kein Taktfehler entstehen und kein Tempoverlust. Auf der neuen Seite wird gleichmäßig weiter gearbeitet, bis das Pferd genau so gut geht wie auf der „Schokoladenseite". Ist das erreicht, kann ein Wechsel immer häufiger erfolgen. Geht das Pferd ganz gleichmäßig auf beiden Händen, kann man auf die ganze Bahn übergehen.

Ganze Bahn

Am Anfang empfiehlt es sich, nach einer langen Seite wieder auf den Zirkel abzuwenden. Ganze Bahn erfordert schon mehr Gleichgewicht. Das Pferd darf nicht mehr schwanken und soll mit einer geringen Stellung ganz geradeaus gehen. Das innere Hinterbein sollte nicht mehr als Stütze in die Bahn hineingenommen werden. Die Ecken sind zu Beginn bis zur Zirkellinie abzurunden.

Beim Wechseln durch die ganze (halbe) Bahn ist die Wechsellinie eine Art Prüfstein. Es fehlt auf der Diagonalen die Bande. Das junge Pferd muss jetzt ohne optische Begrenzung seine Balance halten. Das braucht Zeit und Geduld, bis es richtig gelingt und das Pferd taktmäßig schnurgeradeaus im Trab und im Schritt gehen kann. Ist das erreicht, kommen immer mehr die halben Paraden ins Spiel.

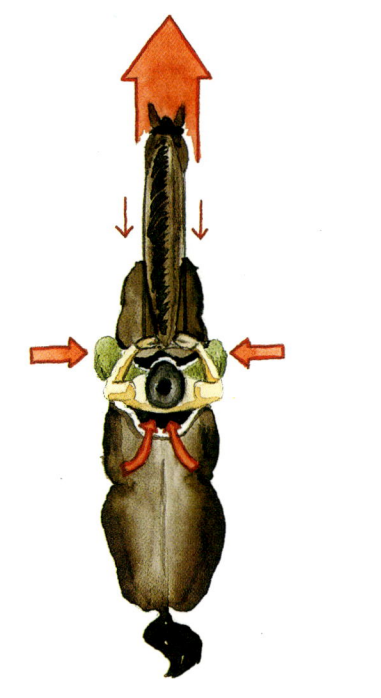

Halbe Parade – gleichzeitiges Kreuzanspannen, Schenkeldruck und Zügelannehmen sind ein kurzer Impuls.

Halbe Paraden

Das junge Pferd hat jetzt gelernt, die beidseitig vorwärts treibenden, die Stellung gebenden und die verwahrenden Hilfen anzunehmen. Es kann jetzt dazu übergegangen werden, alle Hilfen (Gewichts-, Schenkel- und Zügelhilfen) gleichzeitig zur halben Parade einzusetzen. Der Reiter sitzt schwerer ein (belastende Gewichtshilfe), spannt das Kreuz mehr an, treibt mit beiden Schenkeln vor und verhindert mit durchhaltender oder annehmender Zügelhilfe ein Vorwärtsstürmen des Pferdes. Er „schiebt" also sein Pferd ein wenig von hinten nach vorn zusam-

men. Danach erfolgt gleich ein Nachgeben. Die halben Paraden werden aus dem korrekten, ausbalancierten Sitz heraus wie kurze Impulse gegeben. Eine halbe Parade ist also kein einmaliger Vorgang, sondern erfolgt im Rhythmus der Bewegung. Sie wird benutzt,

- um Übergänge von einer zur anderen Gangart zu reiten,
- um das Gangmaß innerhalb einer Gangart zu regulieren,
- als Vorbereitung zu jeder Lektion zum Aufmerksammachen des Pferdes
- um die Anlehnung zu erreichen, zu erhalten, zu verbessern und später das Pferd in die Versammlung zu bringen,
- um das Pferd insgesamt richtig zu reiten.

Ganze Parade – sie führt immer zum Halten. Richtig!

Falsch!

Ganze Paraden

Die ganze Parade wird nur auf der geraden Linie gegeben und kann grundsätzlich aus allen Gangarten erfolgen, für junge Pferde aber nur aus dem Schritt oder Trab heraus. Die ganze Parade führt immer zum Halten! Durch vermehrtes Treiben mit Gewicht und

Schenkel tritt das Pferd an die durchhaltende Hand heran. Es sollte sich am Gebiss abstoßen. Bevor das Pferd zum Stehen kommt, muss die Reiterhand leicht werden und etwas nachgeben. Besonders junge Pferde brauchen den Hals als Balancierstange, um ruhig und geschlossen in Selbsthaltung stehen zu bleiben. Hin- und Hertreten, breitbeiniges Stehen oder mit dem Kopf Schlagen sind grob fehlerhaft. Letzteres verrät die unnachgiebige, harte Reiterfaust.

Zügel aus der Hand kauen lassen

Um zu überprüfen, ob das Pferd sicher und korrekt an den Hilfen steht, das heißt ob das Pferd losgelassen, die Anlehnung weich und sicher ist, sollte man die „Zügel aus der Hand kauen lassen". Das kann in jeder Gangart geschehen. Am Anfang empfiehlt es sich jedoch, aus dem Schritt, später dann im Trabe und erst wenn das ganz sicher ist, kann es im Galopp geritten werden. Im normalen Arbeitstempo öffnet der Reiter ein wenig die Finger; da-

Zügel aus der Hand kauen lassen – öffnet man die Finger, sollte das Pferd den Zügel „suchen" und sich vorwärts-abwärts dehnen. Foto: W. Ernst

raufhin „sucht" das Pferd das Gebiss, indem es sich vorwärts-abwärts an das Mundstück herandehnt. Es darf dabei nicht eiliger werden und nicht die Balance verlieren. Die Dehnung erfolgt weich, bis das Maul mindestens auf der Höhe der Buggelenke ist. Die Nase bleibt vor der Senkrechten.

Die Hand des Reiters geht dabei in Richtung Pferdemaul vor, eine leichte Verbindung sollte aber bestehen bleiben. Es ist besser, diese Übung häufiger über kurze Strecken zu reiten. Geht das Pferd zu lange in dieser starken Dehnungshaltung, besteht die Gefahr, dass es auf die Vorhand kommt.

Überstreichen

Das Überstreichen ist ein Prüfstein für die Selbsthaltung des Pferdes und zeigt, ob das Pferd sicher an den Gewichts- und Schenkelhilfen des Reiters steht. Der Reiter schiebt dabei beide Zügelfäuste am Hals entlang nach vorn für ungefähr zwei bis drei Pfer-

delängen. Dann werden die Hände wieder weich in die Ausgangshaltung zurückgenommen. Auch diese Übung kann in allen Gangarten vorgenommen werden.

Übergänge von einer zur anderen Gangart

Häufige Übergänge von einer zur anderen Gangart sind ein hervorragendes Mittel, um das Pferd zu gymnastizieren und den lernenden Reiter in der richtigen Anwendung der Hilfen zu festigen. Schwingt das Pferd locker und gleichmäßig auf dem Zirkel im Trabe und gelingen die Übergänge vom Schritt zum Trab und umgekehrt weich und flüssig, wird das Pferd aus dem Trab zur geschlossenen Seite hin an-

Überstreichen – beide Fäuste werden für ein paar Sekunden am Pferdehals entlang nach vorn geschoben. Das Pferd sollte in Selbsthaltung weitergehen.

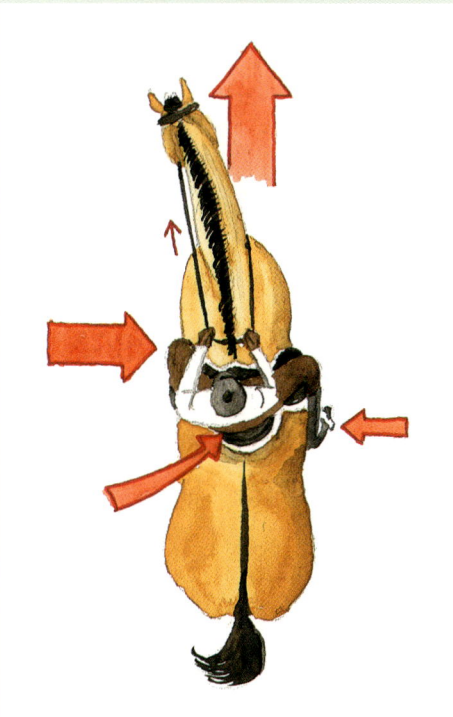

Alle Hilfen müssen gleichzeitig kommen! Der Druck auf dem linken Schenkel ist am stärksten. Für den Rechtsgalopp ist natürlich alles spiegelbildlich.

Schaukelpferd – der Oberkörper bleibt stets senkrecht, nur die Winkel in Reiterhüfte und Ellenbogengelenken ändern sich!

ten werden. Jeder Galoppsprung wird so geritten, als wäre er der erste. Im Galopp bewegt sich das Pferd wie ein Schaukelpferd und genauso balanciert der Reiter die Sprünge in der Hüfte und im Ellenbogen aus. Der Oberkörper bleibt ganz ruhig und aufrecht und die Schenkel bleiben am beziehungsweise hinter dem Gurt, ohne hin und her zu pendeln.

Möchte der Reiter sein Pferd nun wieder zurück zum Trab führen, kommen beide Schenkel an den Gurt, der Reiter richtet sich etwas auf, nimmt die Zügel an, indem er die Fäuste etwas eindreht, und lässt sich „in das Pferd hineinfallen". Dabei legt er die Schenkel vermehrt an und treibt sein Pferd so vom Dreitakt des Galopps in den Zweitakt des Trabes. Das Pferd sollte die halbe Parade durch den ganzen Körper schwingen lassen und dadurch mehr Last auf die Hinterhand nehmen. Am Anfang ist es gut, wenn man bei den ersten Tritten nach dem Galopp die Knie fest an den Sattel presst, um dem Pferd nicht mit dem eigenen Gewicht in den Rücken zu fallen. Man sollte versuchen, den ersten Trabtritt so schön wie den fünften oder sechsten zu gestalten, also keine unklare Übergangsphase zuzulassen. Ebenso wie vom Galopp in den Trab gelangt man vom Trab in den Schritt und vom Schritt zum Halten. Die Übergänge Galopp - Trab - Schritt werden halbe Paraden genannt. Der Übergang Galopp - Halt, Trab - Halt und Schritt - Halt ist eine ganze Parade. Die ganze Parade wird nur auf gerader Linie geritten!

galoppiert. Anfangs ist es für Reiter und Pferd am leichtesten, gegen die Begrenzung der Reitbahn anzugaloppieren, weil das Pferd nicht so leicht ins Rennen kommt. Reitet man auf der linken Hand, leitet man den Linksgalopp ein, indem man aus dem ausgesessenen Trab den linken Schenkel an den Gurt und den rechten Schenkel eine Handbreit hinter den Gurt legt. Der rechte Zügel wird tief festgestellt, während die innere linke Zügelfaust ein wenig vorgeht. Der linke, innere Gesäßknochen wird nach vorwärts-abwärts belastet und in dieser Stellung wird Druck gemacht, wie auf der Zahnpastatube. Diese Hilfen müssen alle gleichzeitig zusammen wirken, als ob man mit dem linken Bein einen großen Schritt nach vorne macht. Die rechte Schulter darf dabei nicht zurückbleiben! Diese Stellung muss während der ganzen Galopparbeit beibehal-

Das Pferd tritt diagonal zurück wie im Trab. Deshalb sagt man „Tritte". Foto: P. Prohn

Rückwärtsrichten

Gelingt die ganze Parade aus dem Schritt und aus dem Trabe sicher, ohne dass das Pferd gegen die Hand geht, nach hinten ausweicht oder mit dem Kopf schlägt, sondern auf allen vier Füßen gleichmäßig belastend, geschlossen steht, kann das Pferd rückwärts gerichtet werden. Es ist sehr wichtig, dass die ganze Parade vor dem Rückwärtsrichten sauber gelingt! Steht das Pferd mit einem Hinterbein nach hinten hinaus (nicht geschlossen) oder gibt es im Genick nicht nach, ist es ihm unmöglich, den Reiterhilfen ohne Widerstand Folge zu leisten. Im Rückwärtsrichten soll das Pferd im Gleichtakt die Beine diagonal rückwärts setzen (Fußfolge wie im Trab, aber ohne Schwebephase). Es darf dabei die Hufe nicht durch den Sand ziehen, sondern soll exakt treten. Der Reiter gibt dazu die gleichen Hil-

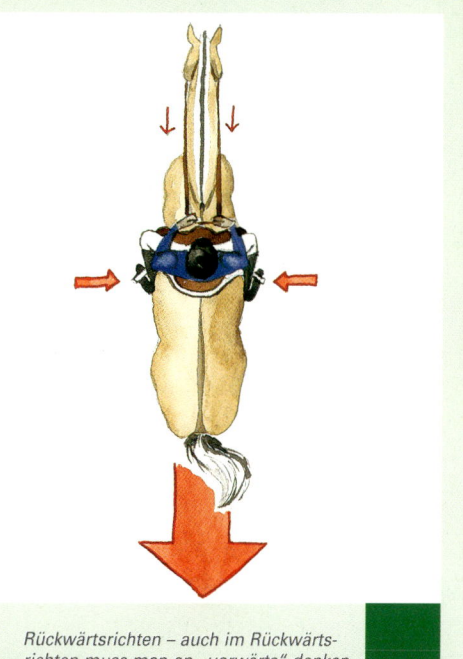

Rückwärtsrichten – auch im Rückwärtsrichten muss man an „vorwärts" denken.

fen wie zum Anreiten. Aber in dem Moment, in dem das Pferd die Hufe hebt, verlagert der Reiter sein Gewicht ein wenig von den Gesäßknochen auf die Oberschenkel und Knie. Der Oberkörper sollte nicht vornüber fallen! Die Unterschenkel liegen verwahrend am Pferd, damit es nicht seitlich mit der Hinterhand ausweicht. Der Reiter nimmt die Zügel vermehrt an, indem er die Hände etwas einrollt. Diese Hilfen müssen alle gleichzeitig gegeben werden, sodass der Vorwärtsimpuls des Pferdes nach hinten herausgelassen wird. Ist die verlangte Trittzahl erreicht (meist sind das drei bis vier Tritte), folgt eine nachgebende Zügelhilfe, der Reiter setzt sich wie zur ganzen Parade wieder hin und lässt sein Pferd geschlossen ruhig stehen.

Das Reiten von Wendungen

Das Wichtigste beim Reiten von Wendungen ist, dass sich die Vorder- und Hinterbeine des Pferdes auf einer Linie bewegen, auf einer Spur gleich einer Eisenbahnschiene. Das bedeutet, dass das Pferd eine Längsbiegung durch den ganzen Körper einnimmt (und nicht nur des Halses), die der Hufschlagfigur entspricht.

Die Ecke

Bevor man die Ecke der Reitbahn erreicht, wird das Pferd mit ein oder zwei halben Paraden aufmerksam gemacht und nach innen gestellt. Der innere Gesäßknochen des Reiters wird belastet und der innere Schenkel vermehrt an den Gurt gelegt. Der äußere Schenkel verwahrt, während der äußere Zügel die nun entstehende Biegung erlaubt, das heißt ein wenig vorgeht, ohne die Verbindung aufzugeben (di-

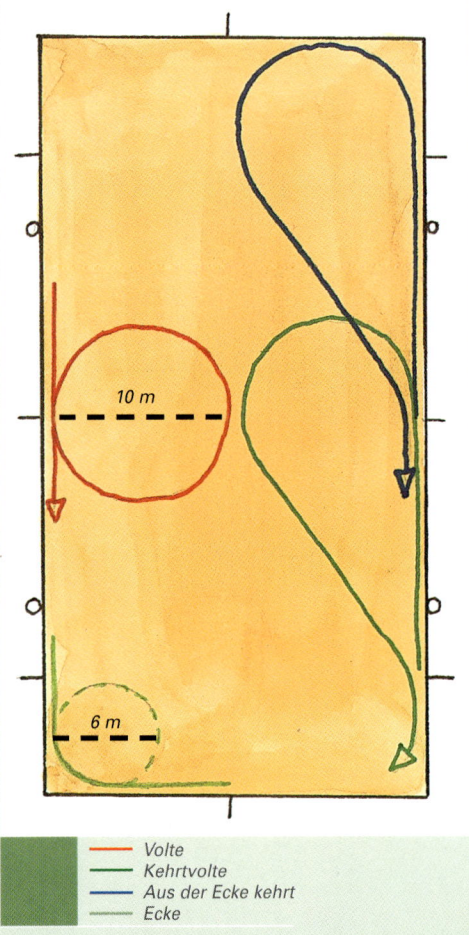

	Volte
	Kehrtvolte
	Aus der Ecke kehrt
	Ecke

agonale Hilfengebung). Die Ecke beschreibt ein Viertel einer Volte und wird auch so geritten.

Vor einem Wechsel durch die ganze oder halbe Bahn ist das korrekte Durchreiten der Ecke ganz besonders wichtig! Der innere Schenkel und der äußere Zügel sorgen dafür, dass das Pferd nicht zu früh abwendet, sondern erst, wenn die Nase des Pferdes den Wechselpunkt erreicht hat. Auf der Diagonalen soll das Pferd gerade gerichtet sein. Um genau am gegenüber liegenden Punkt anzukommen, schaut der Reiter diesen Punkt an. Beim Erreichen des Hufschlages die halbe Parade nicht vergessen, denn es folgt bald wieder eine Ecke!

Volten

Die Volte fordert vom Pferd die stärkste Biegung. Ist die Volte kleiner als sechs Meter im Durchmesser, ist keine korrekte Biegung mehr möglich! Deshalb werden zu Beginn der Ausbildung nur Volten mit einem Durchmesser von zehn Metern gefordert. Die Volte ist kreisrund und endet genau an dem Punkt, an dem sie begonnen wurde. Das Pferd soll genau „in der Spur" gehen ohne Takt- und Schwungverlust. Die Hilfengebung ist die gleiche wie beim Durchreiten einer Ecke. Während der Volte ist es wichtig, mit Geduld und Feingefühl das Pferd durch die Volte zu führen. Ist der innere Zügel zu stramm, der innere Schenkel zu stark oder der äußere Schenkel zu schwach, wird das Pferd herumgezogen oder es fällt mit der Hinterhand aus.

Die Kehrtvolte und aus der Ecke kehrt werden in der ersten Hälfte wie eine Volte geritten. Am Höhepunkt der Volte wird das Pferd jedoch geradeaus gestellt und auf gerader Linie in schräger Richtung auf den Hufschlag zurückgeführt.

5 m

2,5 m

Doppelte Schlangenlinie
Schlangenlinie durch die Bahn
Einfache Schlangenlinie

Schlangenlinien

Schlangenlinien durch die Bahn werden anfangs (in den Klassen E und A) mit drei oder vier Bögen verlangt. Die Schlangenlinien beginnen und enden Mitte der kurzen Seiten. Man beginnt also zum Beispiel eine Schlangenlinie mit drei Bögen bei A mit einer halben Volte, rundet die Ecke also ab, stellt das Pferd gerade, reitet ein Stück geradeaus, stellt das Pferd um und reitet den folgenden Halbbogen auf der anderen Hand und berührt dabei den Hufschlag beim HB-Punkt. Es folgt wieder eine gerade Linie bis zum nächsten Bogen, der dann Mitte der kurzen Seite bei C endet. Die folgende Ecke muss dann

wieder korrekt ausgeritten werden. Es kommt darauf an, dass das Pferd sich willig umstellen lässt und zwischen den Bögen geradeaus gestellt wird.

Schlangenlinien an der langen Seite sind schon ein wenig schwieriger: Sie werden als einfache oder doppelte Schlangenlinien geritten. Bei der einfachen Schlangenlinie beträgt die größte Entfernung zum Hufschlag fünf Meter (in Höhe der HB-Punkte), also ein Viertel der Bahnbreite. Nach dem korrekten Durchreiten der Ecke wendet man am Wechselpunkt (und nicht erst am Zirkelpunkt) ab. Das Pferd ist nach innen gestellt und leicht gebogen. Nach circa zwei Pferdelängen wird das Pferd umgestellt, sodass der bisherige äußere Schenkel zum inneren wird. In Höhe des HB-Punktes wird das Pferd zum Hufschlag zurückgeführt und etwa zwei Pferdelängen vor Erreichen des Hufschlages erneut umgestellt. Am Wechselpunkt ist der Hufschlag wieder erreicht, sodass eine korrekte Ecke folgen kann. Bei der doppelten Schlangenlinie geht alles etwas schneller. Der größte Abstand zum Hufschlag, der in der Höhe der Zirkelpunkte liegt, beträgt nur noch 2,50 Meter. Zwischen beiden Bögen berührt man den Hufschlag am HB-Punkt. Das Pferd muss also ziemlich schnell bei jedem Richtungswechsel umgestellt und gebogen werden. Das erfordert vom Reiter eine absolut sichere Hilfengebung, und das Pferd muss locker und geschmeidig folgen. Jedes Ziehen und Zerren des Reiters und alles Klemmen des Pferdes wird sofort sichtbar. Doppelte Schlangenlinien sind also ein prima Prüfstein für den einfühlsamen, unabhängigen Sitz des Reiters und für die Losgelassenheit und Geschmeidigkeit des Pferdes.

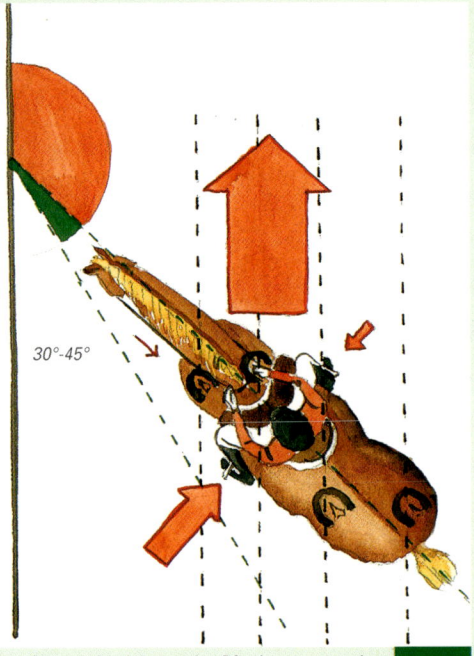

Schenkelweichen – das Pferd muss gerade gerichtet bleiben! Der innere Schenkel treibt gegen den äußeren Zügel.

Schenkelweichen

Schenkelweichen ist eine lösende Übung. Es soll die Durchlässigkeit des Pferdes fördern und es für die seitwärts treibenden Hilfen sensibilisieren. Durch das Schenkelweichen treibt man mit dem inneren Schenkel das Pferd vermehrt an den äußeren Zügel heran. Beim Schenkelweichen bewegt sich das Pferd mit geringer Stellung, aber ohne Biegung vorwärts-seitwärts auf zwei Hufschlägen, wobei es doppelt so viel vorwärts tritt wie seitwärts geht. Dabei treten die inneren Vorder- und Hinterfüße gleichmäßig vor und über die äußeren. Die Stellung des Pferdes erfolgt immer zur Seite des treibenden Schenkels, auch wenn der Schenkel der Bande zugewandt ist. Der Reiter sitzt mehr auf dem inneren Gesäßknochen, den

er vorwärts-seitwärts belastet. Der innere Schenkel liegt etwas hinter dem Gurt und treibt vorwärts-seitwärts, während der äußere Schenkel verwahrend hinter dem Gurt liegt, um ein zu weites Herumtreten der Hinterhand zu verhindern. Außerdem sorgt er für die nötige Vorwärtsbewegung. Der innere Zügel gibt dem Pferd eine leichte Stellung und der äußere Zügel gibt zwar so viel nach, wie es die Stellung erfordert, begrenzt aber eine zu starke Abstellung des Halses und damit ein Ausfallen über die Schulter.

Viereck verkleinern und vergrößern

Diese Übung wird in der Hilfengebung wie das Schenkelweichen geritten, nur dass das Pferd sich auf diagonalen Linien bewegt. Sie soll das Pferd gehorsam auf den vorwärts-seitwärts treibenden

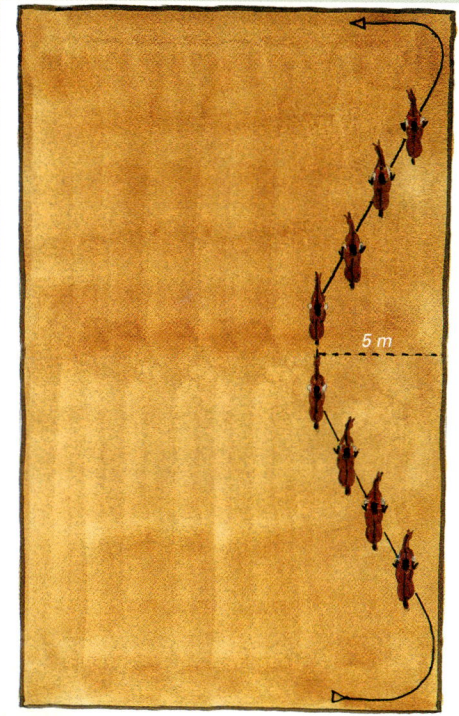

5 m

Viereck verkleinern und vergrößern. Das Pferd ist nur gering gestellt und tritt doppelt soviel vorwärts wie seitwärts.

stellt und sinngemäß bis zum Wechselpunkt zurück-geritten, also wird das Viereck im Schenkelweichen wieder vergrößert. Danach folgt dann wieder die korrekte Ecke.

Über Stangen und Bodenricks arbeiten

Um Abwechslung in die tägliche Arbeit zu bringen, muss man sich etwas einfallen lassen. Abwechslung erhält die Lust an der Arbeit! Junge Pferde können sich nur begrenzte Zeit konzentrieren, genau so wie junge Menschen. Da bietet sich als Erstes die Arbeit über Stangen und Bodenricks an. Dazu legt man drei bis fünf Stangen auf die Erde. Später kann man Cavaletti verwenden, die sich tief, wie Stangen, halb-hoch oder hoch einstellen lassen. Die maximale Höhe beträgt 30 Zentimeter. Durch das Rei-

Schenkel und den führenden, begrenzen-den äußeren Zügel machen. Nach Durch-reiten der ersten Ecke zur langen Seite stellt der Reiter sein Pferd am Wechsel-punkt leicht nach außen und schiebt es mit dem neuen inneren Schenkel (vorher war er der äußere) vorwärts-seitwärts auf ei-ner schrägen Linie in die Bahn hinein. Das Pferd soll dabei parallel zur Bande gerich-tet sein. Die Hinterhand darf nicht weiter in die Bahn vortreten als die Vorhand. Das innere Hinterbein tritt in Richtung Schwer-punkt vor. In Höhe des HB-Punktes sind Reiter und Pferd fünf Meter von der Bande entfernt. Das Viereck ist verkleinert. Dort wird das Pferd gerade gerichtet, eine Pfer-delange geradeaus geritten, dann umge-

Reiter über Cavalettis. Das Pferd soll mit tiefer Nase und aufgewölbtem Rücken gehen.

ten über Bodenricks wird die Muskulatur gefestigt, die Rückentätigkeit verbessert, das Gleichgewicht geschult, die Trittsicherheit, die Gewandtheit und das Geschick des Pferdes verbessert und damit mehr Kontrolle über die Bewegungsabläufe erreicht. Außerdem ist es eine hervorragende Vorbereitung zum Springen!

Die Abstände der Stangen oder Cavaletti betragen, um sie im Schritt zu überwinden, 80 Zentimeter, für den Trab zirka 1,30 Meter und für den Galopp zirka 3,00 Meter. Geritten wird im Entlastungssitz. Der Reiter geht mit der Hand einfühlsam auf die nötige Dehnungshaltung ein und rahmt sein Pferd mit beiden Schenkeln ein, um ein Schiefgehen oder ein Herauslaufen aus der Stangenreihe zu verhindern. Das Pferd soll vor und über den Stangen sowie nach ihrer Überwindung gleichmäßig weitergehen. Es soll weder eiliger werden noch stocken.

Bergauf soll das Pferd sich lang machen und mit der Hinterhand schieben. Bergab schiebt sich das Pferd zusammen und trägt mehr mit der Hinterhand, um die Vorderbeine zu entlasten.

Reiten im Gelände

Eine unabdingbare Notwendigkeit ist für Pferde und Reiter das Reiten im Gelände! Es stärkt die Psyche des Pferdes und fördert sein Vertrauen zum Reiter. Bodenunebenheiten, Bergauf- und Bergabreiten sind eine sehr gute Gymnastikübung. Außerdem fördert es den Gehorsam des Pferdes. Man kann nicht erwarten, dass ein Pferd an „Schreckgespenstern" artig vorbeigeht, wenn man es nicht geübt hat. Traktoren, laufende Maschinen, Kühe, Schafe oder Wandererkolonnen lösen in vielen Pferden Angst aus! Da hilft nur, Ruhe zu bewahren und mit allen Hilfen am Pferd zu bleiben! Umdrehen und Davonstürmen müssen unterbunden werden. Mit Sporen und Gerte erreicht man das Gegenteil – die Angst wird noch größer. Aber mit beruhigendem Zuspruch und Zeitlassen zum Anschauen kann man das Vertrauen des Pferdes vergrößern: „Wohin mein Reiter mich führt, kann ich ohne Angst gehen". Außerdem kann man in Wald und Feld sehr gut anwenden, was man in der Reitbahn geübt hat: macht der Weg eine Kurve, kann man sie wie auf dem Reitplatz korrekt reiten – mit halber Parade und Stellung oder Biegung. Ist der Weg übersichtlich und der Boden gut, kann man eine Tempoverstärkung im Trabe oder sogar im Galopp wagen. Ist die schöne Strecke zu Ende, wird das Pferd korrekt aufgenommen und zum Schritt durchpariert. Geht der Weg hinauf, so gestattet man seinem Pferd eine Dehnung – es darf mit der Hinterhand schieben. Neigt der Weg sich wieder bergab, so schiebt man sein Pferd zusammen, sodass die Hinterbeine mehr Last aufnehmen. Die Vorderbeine müssten sonst über eine längere Strecke die ganze Last des Pferdes und des Reiters tragen.

Ein Ritt in voller Harmonie mit einem gut ausgebildeten Pferd ist der Lohn für konsequente Arbeit. Schweiß und Mühe sind vergessen - man ist nur noch glücklich. Und das Pferd ist es auch. Jedoch sollte die Reiterin aus Sicherheitsgründen ihre Weste schließen. Foto: C. Slawik

Schlussbemerkung

Die gesamte Dressurarbeit auf dem Reitplatz ist eigentlich nur ein Mittel zum Zweck! Das Ziel der Arbeit muss sein:

- Das Pferd soll angenehm zu reiten sein, das heißt, es soll gehorsam, geschmeidig und schwungvoll gehen.
- Das Pferd soll schöner werden; es soll an den richtigen Stellen Muskulatur aufbauen und einen zufriedenen Ausdruck bekommen.

- Das Pferd soll eine erhöhte Lebenserwartung haben! Dadurch, dass das Pferd gelernt hat, mehr Gewicht auf die Hinterhand zu legen, entlastet es die empfindlichen Vorderbeine. Herz und Kreislauf sind besser trainiert und das Lungenvolumen hat durch tägliches, sinnvolles Training zugenommen.

Eine zu frühe Spezialisierung schadet jungen Pferden ebenso wie jungen Reitern! Am Anfang der Ausbildung kann man nie genau wissen, wo später einmal der Schwerpunkt gesetzt werden wird. Eine solide, breit gefächerte Grundausbildung ist die Voraussetzung für alle Disziplinen im Reitsport. Das gilt gleichermaßen für junge Pferde wie für junge Reiter.

Impressum

Copyright © 2001 by Cadmos Verlag GmbH, Lüneburg
Gestaltung und Satz: Ravenstein Brain Pool, Berlin
Titelfotos: P. Prohn, C. Slawik
Zeichnungen: Esther von Hacht
Druck: Westermann Druck, Zwickau
Alle Rechte vorbehalten.
Abdrucke oder Speicherung in elektronischen Medien
nur nach vorheriger schriftlicher Genehmigung durch den Verlag.
Printed in Germany.
ISBN 3-86127-258-X